W0192378

Conni auf dem Reiterhof

von der Zahnfee 16.01.2011
für Selina

Didaktisch überarbeitete, stark gekürzte Fassung
des Kinderbuchklassikers „Conni auf dem Reiterhof"
von Julia Boehme

Zu zweit leichter lesen lernen

# Conni
## auf dem Reiterhof

Von Julia Boehme
Mit Bildern von Herdis Albrecht

**CARLSEN**

## Zu zweit leichter lesen lernen

Wie das funktioniert?

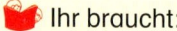 Ihr braucht:
- einen, der schon besser lesen kann,
  (eine Mutter, einen Opa, eine große Schwester
  oder so was Ähnliches),
- einen Leseanfänger
- und dieses Conni-Buch hier.

Ihr legt das Buch zwischen euch … und los geht's!

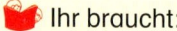 Der geübte Leser liest die längeren Texte auf der linken Seite,
der Anfänger liest die kurzen Texte auf der rechten Seite.
Oder erst mal nur die hellroten Wörter. Zum Einsteigen.

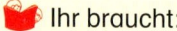 Die gepunktete Linie ········▶ zeigt euch die Leserichtung.
Mitten durch Connis Reiterhof-Abenteuer.

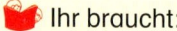 Und wenn ihr fertig seid, könnt ihr euch Connis Ferien-
geschichte noch mal gegenseitig erzählen. Die Bilder vorne
und hinten im Buch helfen euch dabei.

Jetzt viel Spaß beim Lesen zu zweit!

# Inhalt

# Die schönsten Ferien der Welt

Endlich Ferien! Mama braust die Landstraße entlang. Und Conni? Glücklich sitzt sie zwischen lauter Tüten und Taschen hinten auf der Rückbank und malt es sich aus, wie das wohl sein wird: eine Woche mit Anna auf dem Ponyhof!
Schon fahren sie am Ortsschild von Rittenfelde vorbei.
„So, letzte Chance!" Papa dreht sich grinsend zu Conni um. „Willst du wirklich zum Reiterhof oder nicht doch lieber mit uns nach Norderney?"
„Zum Reiterhof, natürlich!", ruft Conni.
„Habt ihr das gehört?", jammert Papa mit aufgesetzter Leidensmiene. „Für Conni sind wir einfach nicht mehr gut genug!"
„Demnächst verreise ich auch mal wieder mit euch", tröstet ihn Conni. „Aber jetzt will ich unbedingt zum Ponyhof!"
„Ich glaube, wir müssen uns keine Sorgen machen, dass Conni große Sehnsucht nach uns bekommt", sagt Mama und lacht.

„Stimmt", denkt Conni.
Sie hat ja Anna,
ihre beste Freundin.
Und dann noch:
lauter Ponys!

7

Schade, als sie wenige Minuten später den Ponyhof erreichen, ist Anna noch nicht da. Eigentlich
wäre es ja viel lustiger, wenn Anna gleich bei ihnen
mitgefahren wäre. Aber Anna ist schon am ersten
Ferientag zu ihrer Oma und ihrem Opa aufs Land
gefahren. Sie werden Anna bestimmt jede Sekunde
hier am Ponyhof absetzen.

Conni wartet mit ihren Eltern und ihrem kleinen
Bruder Jakob beim Auto.

„Wo die nur bleiben?" Ungeduldig schaut sie auf
die Uhr.

Inzwischen sind schon die meisten Kinder angekommen.

„Wollen wir uns nicht schon etwas umgucken?",
fragt Mama. Conni ist einverstanden.

Am Eingang begrüßen sie Herrn und Frau Behrens.
Ihnen gehört der Ponyhof.

„Geh ruhig schon nach oben."
Frau Behrens lächelt Conni zu.
„Gleich links
sind eure Schlafzimmer.
Du kannst dir einfach
ein Bett aussuchen."

Das lässt sich Conni nicht zweimal sagen. Im ersten Zimmer sind schon alle vier Betten besetzt, aber im nächsten sind noch zwei frei. Das passt ja: ein Bett für Anna und eins für sie. Conni legt sicherheitshalber ihren Rucksack auf das eine Bett und ihre Jacke auf das andere. So, das wäre geschafft!

Papa hilft Conni ihre Sachen hochzutragen. Jedes der Mädchen hat sogar einen kleinen Schrank für sich. Prima!

„Ich packe später aus", entscheidet Conni und begleitet Mama, Papa und Jakob zurück zum Auto. Sie müssen gleich weiterfahren, damit sie die Fähre zur Insel nicht verpassen.

„Sollen wir wirklich nicht anrufen?", fragt Mama ein letztes Mal.

„Mach dir um mich keine Sorgen", lacht Conni und drückt Mama ganz fest zum Abschied. „Ich bin doch kein Baby mehr. Und außerdem:

Das werden bestimmt
die schönsten Ferien der Welt!"

# Eine kalte Dusche

Conni winkt, bis der blaue Wagen hinter der Kurve verschwindet.

„Jetzt sind sie weg", denkt sie. Trotz aller Freude, jetzt eine ganze Woche auf dem Ponyhof zu sein, sind ihre Knie doch merkwürdig weich geworden. Als ob ihre Knochen plötzlich aus Wackelpudding wären. Schließlich ist es das allererste Mal, dass Conni Ferien ohne Mama und Papa macht. Selbst Jakob vermisst sie schon!

Da hört Conni mit einem Mal ausgelassenes Wiehern von der Ponyweide. Sofort fällt ihr wieder ein, was sie Mama zum Abschied gesagt hat: Das werden die schönsten Ferien der Welt.

„Jawohl!", denkt Conni zufrieden. „Und bis Anna kommt, schaue ich mir schon mal die Ponys an!"

Natürlich ist Conni da nicht die Einzige. Am Zaun stehen schon die beiden Mädchen aus Connis Zimmer, Gesche und Yvonne. Und ein Junge mit unzähligen Sommersprossen.

„He, Lars, was ist das denn da für eine olle Mähre?", fragt Gesche und zeigt auf eins der Ponys.

„Das ist die alte Liese", meint Lars.
„Aber schaut doch mal
den Rappen dort drüben an.
Er heißt Nero!"

Lars strahlt. „Also, wenn du mit dem losgaloppierst, da geht echt die Post ab!"

„Woher kennt der bloß die Namen?", überlegt Conni erstaunt. „Ob Lars schon zum zweiten Mal hier ist?"

Conni guckt, welches der Ponys ihr am besten gefällt. Vielleicht der Schecke dort? Mit seinen braunen Tupfen erinnert er sie an ihr Lieblingspony Flecki, auf dem sie reiten gelernt hat. Aber auch ein kleiner Schimmel hat es Conni angetan. Sie reißt ein Büschel saftiges Gras aus und hält es übers Gatter. Neugierig kommt die alte Liese näher. Sie schnuppert am Gras. Aber fressen will sie es nicht.

„Als ob die nicht genug Gras auf der Weide hätten", lästert Lars und zeigt Conni einen Vogel. Die Mädchen kichern.

Conni schluckt. Sie hat ja nichts anderes dabei. Wenigstens lässt sich Liese streicheln.

Conni fährt sanft mit der Hand über Lieses Blesse und tut, als ob sie ganz alleine am Zaun wäre.

„Sicher bist du nur hier, um Ponys zu streicheln", stichelt Lars weiter. „Wetten, die kann gar nicht reiten?", ruft er den beiden anderen Mädchen zu.

Jetzt kann Conni nicht mehr weghören. „Und ob ich reiten kann! Wirst schon sehen!"

„Da bin ich ja mal gespannt",
grinst Lars.
Gesche und Yvonne kichern wieder.

Conni hat keine Lust mehr, das Pony zu streicheln. Zumindest nicht, solange dieser blöde Kerl mit den beiden idiotischen Kichererbsen dabei ist. Sie wirft den dreien einen wütenden Blick zu, während sie über den Hof zum Haus stapft.

Sie muss ja noch ihre Sachen auspacken. Und das macht sie am besten, solange die blöden Gänse Gesche und Yvonne nicht auf dem Zimmer sind.

Als Conni mit dem Auspacken fertig ist, ist es schon fast fünf Uhr. Zeit für den Rundgang. Denn vor dem Abendbrot will Herr Behrens alle über den Ponyhof führen.

Conni schaut sich in der Runde um. Anna ist immer noch nicht da! Wo die nur bleibt?

Besorgt zupft sie Herrn Behrens am Ärmel. „Meine Freundin Anna fehlt noch!"

„Dann passt du jetzt für zwei auf und zeigst Anna später den Hof", antwortet Herr Behrens und macht sich mit den Kindern auf den Weg zum Stall.

Conni läuft neben ihm her. „Verstehen Sie doch, Anna ist noch überhaupt nicht da! Sie ist gar nicht angekommen!"

„Da haben sich ihre Eltern
sicher verspätet.
Zum Abendessen ist Anna
bestimmt da!",
versucht Herr Behrens
sie zu beruhigen.

Aber irgendwie hat Conni dabei gar kein gutes Gefühl. So ist sie nur mit halbem Ohr dabei, als Herr Behrens ihnen die Ställe, die Sattelkammer, die Reithalle, den Reitplatz und die Weide zeigt. Wie viel schöner wäre es, wenn Anna jetzt dabei wäre. Warum muss sie nur so spät kommen? Conni ist fast ein bisschen sauer auf Anna und ihre Großeltern.

Als alle schließlich zum Abendbrot in den großen Esssaal strömen, fängt Frau Behrens Conni ab. „Ich muss dir was sagen", meint sie besorgt. „Eben hat Annas Oma angerufen: Anna ist krank geworden. Schon am Morgen war ihr übel. Erst dachte die Oma, es sei nur die Aufregung. Aber mittags bekam Anna Fieber. Jetzt muss sie erst einmal wieder gesund werden, bevor sie kommen kann."
Conni starrt Frau Behrens fassungslos an.
„Anna kommt nicht?", stammelt sie verwirrt. Ist sie jetzt etwa ganz alleine hier auf dem Ponyhof?
Beim Abendessen bekommt Conni kaum etwas herunter. Der Stuhl neben ihr ist leer. Eigentlich hätte Anna da sitzen sollen. Wegen Anna ist sie doch überhaupt hier!

„Na ja", denkt Conni,
„und wegen den Ponys natürlich."
Aber ohne Anna?
Plötzlich wünscht sich Conni,
sie wäre doch
mit Mama, Papa und Jakob
ans Meer gefahren.

Wahrscheinlich sitzen sie in ihrer Ferienwohnung jetzt auch beim Abendbrot. Wie gemütlich wäre es, dabei zu sein …

„He, du!" Gierig schielt ein blonder Junge auf Connis Nachtisch. „Kann ich den haben?"

Wortlos schiebt Conni den Pudding zu ihm rüber. Obwohl sie zwischen lauter anderen Kindern sitzt, kommt sich Conni auf einmal schrecklich alleine vor.

Sobald es geht, huscht sie die Treppe hoch. So ist sie die Erste, die ihr Zimmer betritt.

Die Tür ist nur angelehnt. Conni denkt sich nichts dabei. Warum auch?

Im nächsten Moment kreischt Conni auf: Sie ist pitschnass! Oben auf der angelehnten Tür stand nämlich ein Eimer Wasser. Und als Conni die Tür aufstieß, fiel er natürlich runter.

Als ob das nicht schon genug wäre, ist Conni im nächsten Moment von lauter lachenden Kindern umringt.

„Na, schon geduscht?", spottet Lars.

Conni reißt ihr Handtuch aus dem Schrank und drängelt sich zum Waschraum durch.

„Begossener Pudel!", ruft ihr jemand hinterher.

Conni knallt die Tür
zum Bad zu.
Im Spiegel schaut sie
eine unglückliche Conni an.

Die Haare hängen strähnig übers ganze Gesicht.
Nur gut, dass man zwischen den vielen Wasser-
tropfen ihre Tränen nicht sieht.
Conni rubbelt die Haare trocken und streift die
nassen Sachen ab. Ins große Handtuch gewickelt,
huscht sie über den Flur in ihr Zimmer.
Schnell will sie sich das Nachthemd überziehen.
Doch mit den Händen kommt sie nicht weiter.
Auch das noch: Die Ärmel sind zugeknotet!
Gesche und Yvonne kringeln sich vor Lachen. Es
vergeht ihnen erst, als sie selbst ihre Schlafanzüge
anziehen wollen: Hosenbeine und Ärmel sind mit
schier unauflösbaren Doppelknoten versehen.
Ein kleiner Trost für Conni. Nun ist sie wenigstens
nicht die Einzige, die heute Abend reingelegt wurde.
„Gute Nacht und träumt was Schönes!" Frau
Behrens schaut noch mal in alle Zimmer und knipst
das Licht aus.
Gesche und Yvonne tuscheln noch lange im Dun-
keln, doch schließlich sind auch sie eingeschlafen.
Nur Conni liegt noch wach. Wie soll sie auch
schlafen? Sie hat Bauchweh. Und ihr ist übel und
schlecht! Vielleicht wird sie ja auch noch krank,
genau wie Anna! Mit dem Unterschied, dass Anna
bei ihren Lieblingsgroßeltern ist.

Conni aber ist hier. In der Fremde.
Ganz allein.

# Die falsche Karlina

„Aufstehen, du Schlafmütze!" Gesche zieht Conni einfach die Bettdecke weg und tanzt damit durchs Zimmer.

Es gibt nur wenige Tage, an denen Conni, kaum aufgewacht, am liebsten gleich in Tränen ausbrechen will. Dieser ist einer davon. Doch Conni beißt die Zähne zusammen. Sie wird sich doch nicht vor Gesche blamieren.

„Um 10 Uhr geht's los. Alle Reitanfänger treffen sich mit meiner Frau vor der Halle", kündigt Herr Behrens nach dem Frühstück an. „Alle anderen holen sich ihr Pony aus dem Stall und führen es gesattelt zum Reitplatz."

„Welches Pony bekomme ich denn?", ruft eins der Mädchen dazwischen.

„Eine Liste hängt gleich neben der Stalltür. Da steht euer Name drauf und der eures Ponys. Ich bin um 10 Uhr natürlich auch im Stall!" Herr Behrens grinst in die Runde. „Na dann, viel Spaß allen zusammen!" Geräuschvoll werden die Stühle beiseitegeschoben.

Am liebsten würden alle sofort
zu den Ponys laufen.
Aber zuerst muss abgeräumt werden.
Leider …

Kaum hat Conni ihre Stiefel an und die Reitkappe unterm Arm, geht es ihr gleich besser. Sie hat solche Lust zu reiten.

Gespannt schaut sie auf die Liste. Welches Pony bekommt sie nur? Da steht es ja: Karlina.

„Das klingt nach einem richtig netten Pony", denkt Conni zufrieden.

Im Stall hängen an jeder Box hölzerne Namensschilder an kleinen Häkchen.

„Pünktchen", liest Conni, „Kasper, Karlina!"

„Hallo, Karlina", begrüßt Conni ihr Pony. Doch es nimmt kaum Notiz von ihr. Karlina ist ein Fuchs mit leuchtend rotem Fell. Und sie ist ziemlich groß für ein Pony! Conni muss sich auf die Zehenspitzen stellen, um ihr den Sattel überzulegen. Das Aufsitzen wird nicht gerade einfach …

Karlina scheint keine große Lust zu haben. Unwillig lässt sich das Pony von Conni zum Reitplatz führen.

„Na, komm schon, Karlina!" Conni redet der Stute gut zu: „Zusammen haben wir sicher jede Menge Spaß!"

Der Spaß, den sich Karlina leistet, geht dann aber eher auf Connis Kosten.

Als alle Kinder ihre Ponys
in der Mitte des Platzes
aufgestellt haben,
gibt Herr Behrens
den Befehl zum Aufsitzen.

Conni will gerade ihr linkes Bein in den Steigbügel stellen, da trottet Karlina einfach los.

Conni führt Karlina zurück und versucht es gleich noch mal. Doch Karlina denkt gar nicht daran, still zu stehen. Wie soll Conni da aufsteigen? Es ist eh nicht einfach, auf so ein großes Pony zu kommen. Alle anderen sitzen längst auf ihren Pferden. Und schauen kichernd zu, wie Conni immer noch mit Karlina kämpft.

„Wirst du wohl!", schimpft Conni.

„Du kannst ja noch nicht mal aufsitzen", grinst Lars, der gleich neben Conni auf seinem Nero thront.

„Warte, ich helfe dir!" Herr Behrens packt Karlina am Halfter, während sich Conni endlich erfolgreich in den Sattel schwingt.

Herr Behrens stutzt. „Warum hast du auch nicht Karlina genommen?"

„Das habe ich doch!", antwortet Conni verblüfft.

Herr Behrens zieht die Augenbrauen hoch. „Das hier ist Wirbelwind."

„Aber es stand doch
Karlina an der Box!"
Da ist sich Conni
ganz sicher.

„Die kann ja noch nicht mal richtig lesen!", ruft Lars laut in die Runde. Die Kinder lachen.

Herr Behrens schüttelt unwillig den Kopf. „Na, hör mal", sagt er zu Conni, „ich kenne doch meine eigenen Ponys. Du sitzt auf Wirbelwind. Eigentlich ist der Wallach etwas zu wild und groß für dich. Aber du hast es ja nicht anders gewollt. Also sieh zu, wie du heute mit ihm fertigwirst."

Conni schluckt. Am liebsten wäre sie gleich wieder abgestiegen. Doch als ihr Lars noch einmal frech zugrinst, nimmt sich Conni zusammen.

„Dir werd ich es zeigen!", denkt sie wütend.

Und wirklich: Conni reitet so entschlossen, dass Wirbelwind kaum noch Gelegenheit hat, seinen Dickkopf durchzusetzen.

Doch richtig Spaß macht Conni das Reiten diesmal wahrhaftig nicht. Zum ersten Mal in ihrem Leben ist sie sogar richtig froh, als die Reitstunde zu Ende ist.

Als Conni Wirbelwind zurück in seine Box führt, fällt ihr Blick sofort auf das Namensschild.

„Wirbelwind" steht in großen Buchstaben darauf. Das Schild für „Karlina" hängt nun ganz am anderen Ende des Stalles. Ein niedlicher Schimmel schaut aus der Box heraus.

Jetzt weiß Conni auf einmal,
was passiert ist:
Jemand hat die Schilder vertauscht!

Conni hätte eigentlich auf dem kleinen freundlichen Schimmel reiten sollen. Aber jemand wollte sie ärgern – und zwar mit Absicht!

Conni kann sich auch denken, wer. Bestimmt war es Lars, der sie die ganze Stunde über so hämisch angegrinst hat. So eine Gemeinheit! Conni hat keine Lust, auch nur eine Sekunde länger auf diesem blöden Ponyhof zu bleiben!

Doch was soll sie machen?

Traurig verkriecht sich Conni
in die leere Sattelkammer.
Wenn doch wenigstens Anna da wäre …

# Karlina, Liska und Kartoffeln

Conni war so in Gedanken, dass sie weder den Essensduft noch das Stimmengewirr aus dem Speisesaal wahrgenommen hat.

Doch jetzt zuckt sie zusammen. Sie kommt zu spät zum Mittagessen! Schnell schlittert sie den Gang entlang und schlüpft möglichst unauffällig in den Raum.

Auf Annas Platz sitzt ein fremdes Mädchen.

„Da bist du ja endlich", begrüßt sie Conni freundlich. „Ich habe schon auf dich gewartet!"

Conni schaut sie überrascht an. „Auf mich?"

„Ja, ich habe auch vor dem Essen nach dir Ausschau gehalten. Aber du warst wie vom Erdboden verschluckt! Wo warst du denn?"

„Ich? In der Sattelkammer", murmelt Conni leise. Doch das Mädchen fragt nicht weiter nach.

„Ich wollte dir nur sagen, wie toll du auf Wirbelwind geritten bist!"

„Ehrlich?", fragt Conni erstaunt.

„Weißt du,
ich war schon
in den letzten Ferien hier.
Daher kenne ich Wirbelwind ganz gut.
Das ist ein ziemlicher Dickkopf!"

„Allerdings!" Conni nickt. „Übrigens: Ich heiße Conni!"

„Das weiß ich doch schon längst", lacht das Mädchen. „Ich bin Liska."

„Liska", wiederholt Conni. Und zum ersten Mal an diesem Tag lächelt sie wieder.

Liska guckt auf Connis leeren Teller. „Hast du denn gar keinen Hunger?"

„Doch", plötzlich merkt Conni, wie ihr Magen knurrt, „und was für einen!"

Liska schaufelt Conni eine Riesenportion Spaghetti auf den Teller. So viel, dass die Tomatensoße fast überläuft.

Conni fällt wie ein ausgehungerter Tiger darüber her. Mit ihrer Gabel rollt sie ein dickes Nudelpaket und schiebt es sich in den Mund.

Liska schaut zu ihr rüber.

„Genau so will mein Papa, dass ich Nudeln esse. Mache ich aber nicht!"

Liska hebt ein paar Spaghetti mit der Gabel an und saugt sie geräuschvoll der Länge nach auf, dass die Soße nur so spritzt.

„So macht es nämlich viel mehr Spaß!", erklärt sie mit vollem Mund.

Da hat sie wirklich Recht,
findet Conni
und schlürft mit Liska
um die Wette.

Am Nachmittag ist wieder Reitstunde. Diesmal nimmt Conni die echte Karlina. Die kleine Schimmelstute ist ganz lieb und folgt Conni genau.

„Könnt ihr eigentlich auch einhändig reiten?", fragt Herr Behrens, nachdem sie sich eingeritten haben. Die Kinder probieren es gleich aus.

Solange sie auf dem Hufschlag ihre gewohnten Runden drehen, ist es nicht schwer.

Die Ponys wissen von alleine Bescheid und laufen einfach hintereinander her. Doch als Herr Behrens sie Bahnfiguren reiten lässt, klappt es schon nicht mehr.

Herr Behrens grinst, als alle wild durcheinander-reiten. „Wird ein Pferd denn nur mit dem Zügel gelenkt?", fragt er.

„Nein, auch mit den Schenkeln und indem man das Körpergewicht verlagert", weiß Conni.

„Genau", nickt Herr Behrens zufrieden. „Wenn ihr einhändig reitet, müssen also die Hilfen mit Schenkel und Körper besonders eindeutig sein. Außerdem gibt es eine bestimmte Zügeltechnik, wenn man einarmig reitet."

Herr Behrens macht es auf Jans Pony vor. „Schaut, so machen es die Cowboys, die eine freie Hand brauchen, um ein Lasso zu werfen."

Jetzt probieren es alle noch einmal.
„Es sah doch so einfach aus",
seufzt Conni.
„Und jetzt?"

Doch nach und nach klappt es immer besser. Und mit einem Mal fühlt sich Conni wie ein echter Cowboy.

Statt auf dem Reitplatz reitet sie in Gedanken über die Prärie. Und auch Lars schwingt seinen freien Arm so durch die Luft, als würde er ein Lasso werfen.

„Prima", lobt Herr Behrens. „Mal sehen, ob ihr schon Kartoffelreiten könnt!"

Conni traut ihren Ohren nicht: „Kartoffelreiten?" Doch sie hat richtig gehört. Herr Behrens verteilt Löffel und Kartoffeln. Sie machen eine Art Eierlauf auf den Ponys. Jeder muss mit einer Hand die Zügel führen und mit der anderen eine Kartoffel auf dem Löffel balancieren.

„Wessen Kartoffel runterfällt, der scheidet aus. Gewonnen hat, wer als Letzter seine Kartoffel auf dem Löffel behält. Also aufgepasst: Ganze Abteilung marsch!"

Conni wagt kaum zu atmen.
Die ganz Zeit starrt sie
auf ihre Kartoffel.
Als könnte sie sie
mit ihrem Blick
auf den Löffel nageln.
Und es klappt!

„Durch die ganze Bahn wechseln", kommandiert Herr Behrens. „Und dann im Zirkel reiten!"

Auch das noch! Vorsichtig gibt Conni mit der linken Hand das neue Zügelkommando. Dabei darf sie aber nicht die Kartoffel aus den Augen lassen. Puh, das ist gar nicht so einfach! Connis Wangen glühen. Immer wieder hört sie enttäuschtes Aufstöhnen und Gekichere. Bestimmt sind schon ein paar Kartoffeln zu Boden gefallen. Doch Conni wagt nicht aufzuschauen. Als sie dann doch einen Blick riskiert, staunt Conni. Sie sind ja nur noch zu dritt: Liska, Lars und sie.

Alle anderen sind schon ausgeschieden.

„Das liegt auch an Karlina", denkt Conni. Denn auf Wirbelwind wäre sie garantiert nicht so weit gekommen. „Brav", lobt sie ihr Pony. Wenn sie eine Hand frei hätte, würde sie Karlina dankbar auf den Hals klopfen. Jetzt muss die Stimme reichen.

„Mist!", flucht Liska, als ihre Kartoffel vom Löffel fällt.

Die Kartoffel schlägt dabei gegen die Beine ihres Ponys, und Kasper schießt die Kartoffel wie einen Fußball im hohen Bogen weg: direkt vor Karlinas Hufe.

Erschrocken bäumt sich Karlina auf.

Connis Kartoffel

landet auf dem Boden.

Und Conni auch …

Zum Glück tut sie sich nicht weiter weh. In der ganzen Aufregung hat natürlich auch Lars' Pony gescheut und seine Kartoffel war nicht mehr zu halten.

Aber sie ist immerhin als letzte heruntergefallen. „Gewonnen!", jubelt Lars und galoppiert mit Nero übermütig über den Reitplatz.

So ein Mist! Klar hätte Conni Lars gerne besiegt. Ausgerechnet dieser Blödmann muss gewinnen! Aber wirklich traurig ist Conni deswegen nicht. Im Gegenteil. Heute hat ihr die Reitstunde richtig Spaß gemacht.

Das liegt zum einen an Karlina,
vor allem aber
an Connis neuer Freundin Liska!

# Endstation Misthaufen

Am nächsten Tag ist es dann so weit.

„Jetzt, wo ihr eure Ponys schon etwas kennen-
gelernt habt, können wir unseren ersten Ausritt
machen", erklärt Herr Behrens.

„Jippih!" Conni und Liska sind begeistert. Mit
Satteln und Auftrensen sind sie als Erste fertig.
Nun stehen sie mit ihren Ponys auf dem Hof und
können es gar nicht erwarten, bis es endlich losgeht.
Auch ihre beiden Ponys, Karlina und Kasper,
scharren ungeduldig mit den Hufen.

Endlich gibt Herr Behrens das Kommando zum
Aufsitzen. Gleich hinter der Koppel beginnt ein
Reitweg. Er führt zuerst an Weiden und Wiesen
vorbei und dann direkt durch einen Wald. Ganz
hell und freundlich ist es dort. Die Sonnenstrahlen
fallen durch die lichten Baumkronen und malen
lauter gelbe Kringel auf den Waldboden.

Karlina läuft brav im Schritt
und schnaubt fröhlich.

Es ist einfach wundervoll! Conni dreht sich strahlend zu Liska um, die gleich hinter Conni reitet.
„So stelle ich mir den Himmel vor!", schwärmt sie.
Batsch! Im nächsten Moment klatscht Conni ein Zweig ins Gesicht. Im Himmel wäre das sicher nicht passiert. Vielleicht sollte sie, solange sie noch auf der Erde reitet, doch lieber nach vorne gucken.
Der erste Ausflug hat nur einen Haken: Er war viel zu kurz!
„Können wir nicht noch weiter reiten?", fragt Conni, als sie wieder auf dem Hof ankommen.
„Heute nicht", lacht Herr Behrens. „Aber morgen reiten wir wieder aus, versprochen!"
Nach dem Absatteln und Putzen werden die Ponys auf die Weide geführt.
„Wer hilft heute beim Ausmisten?", fragt Herr Behrens nach dem Mittagessen. Auf eine Antwort braucht er nicht lange zu warten.

Conni und Liska nicken sich zu,
und schon
sind ihre Finger oben.

Während die Ponys auf der Weide herumtollen, können Conni und Liska in aller Ruhe die leeren Ställe säubern. Mit Schaufel und Mistgabel entfernen sie Pferdeäpfel und dreckiges Stroh. Den Mist karren sie in einer großen Schubkarre zum Misthaufen. Es ist eine richtige Knochenarbeit, aber zusammen mit Liska macht es Conni sogar Spaß. „Gleich sind wir fertig", meint Liska erleichtert, als sie die letzte Box ausmisten. Alle anderen sind schon sauber und mit frischem Stroh aufgefüllt. Plötzlich hören sie es im Stall leise rumpeln.

„Hallo!", ruft Liska und guckt die Stallgasse runter. Doch es ist niemand zu sehen.

„Psst!" Conni legt den Finger auf den Mund und zieht Liska zurück in die Box. Beide lauschen. Da ist doch wer!

„Mal sehen, wer hier rumschleicht", flüstert Conni Liska leise ins Ohr.

Vorsichtig linsen beide um die Ecke.

Und da sehen sie ihn
mit der Schubkarre
in einer Box verschwinden.

„Hab ich's mir doch gedacht: Lars!", wispert Conni. „Was macht der da bloß? Die Box ist doch sauber!"

„Das war sie!", flüstert Liska entrüstet. „Die Schubkarre ist nämlich voller Mist. Wetten?"

Auf Zehenspitzen schleichen sich Liska und Conni an. Liska hat Recht. Lars verteilt stinkenden Mist im sauberen Stall!

Die zwei Freundinnen stürmen die Box – fuchsteufelswild.

„Bist du völlig bescheuert?" Wütend pflanzt sich Liska vor Lars auf. Sie haben doch nicht die ganze Zeit umsonst geschuftet!

Lars wird augenblicklich knallrot. Er dreht sich um und will verschwinden, aber Conni versperrt ihm den Weg.

„Erst machst du das hier alles wieder sauber!", sagt sie.

Doch Lars denkt nicht daran. „Ihr habt Stalldienst! Ich war gestern dran!"

Liska schnappt sich die halb volle Schubkarre und kurvt von hinten an Lars heran.

„Na warte!", ruft sie, und ehe Lars sich's versieht, sitzt er schon zwischen den Pferdeäpfeln in der Schubkarre.

„He!", ruft er
und will wieder runter.
Doch Liska lässt ihn nicht.

„Platz da!", ruft sie Conni zu. Conni springt zur Seite und Liska rast mit der Schubkarre die Stallgasse runter, auf den Hof hinaus.

„Hilfe!", schreit Lars und klammert sich an der Schubkarre fest. „Lasst mich runter!"

Conni rennt prustend vor Lachen nebenher. „Nicht, bevor du versprichst, dass du die Box wieder in Ordnung bringst!", fordert sie.

„Ja, ja, mach ich!", beteuert Lars sofort. „Aber haltet jetzt bitte an!"

Doch Liska rennt weiter. „Wer hat sich den Streich mit dem Wassereimer ausgedacht?"

Liska fährt ein paar riskante Kurven.

„Ich war's", murmelt Lars.

„Wer?", fragt Liska, als ob sie plötzlich schwerhörig geworden wäre.

„Ich", antwortet Lars nun laut und deutlich.

„Und wer hat die Namensschilder von den Ponys vertauscht?", hakt nun Conni nach. Mitten im Lauf übernimmt sie von Liska den einen Griff der Schubkarre.

„Auch ich", gibt Lars zu.

„Dann entschuldige dich mal bei Conni", ruft Liska. Doch Lars kneift trotzig die Lippen zusammen.

„Los, mach schon!",
faucht Liska.
Aber Lars schweigt.

Blass klammert er sich am Rand der Schubkarre fest, als Liska und Conni das Tempo erhöhen.

Mit einem Affenzahn fahren sie nun direkt auf den Misthaufen zu.

„Entschuldigung!", brüllt Lars. „Tut mir leid! Echt!"

Das reicht. „Endstation!" Die Mädchen machen eine Vollbremsung und die Schubkarre kommt wenige Zentimeter vor dem Misthaufen zum Stehen. Lars kämpft sich aus der Karre.

Er ist kreideweiß. Dafür leuchten seine Sommersprossen umso mehr.

„Bist du etwa von der kurzen Fahrt schon seekrank geworden?", grinst Liska.

„Die Box machst du trotzdem wieder sauber!", erinnert ihn Conni.

Lars nickt und wankt über den Hof zurück zum Stall.

Conni und Liska lachen sich
noch Stunden später
über ihn kaputt.

# Freudensprünge

Als Conni am Abend in ihr Bett kriecht, kann sie sich gar nicht mehr vorstellen, dass sie sich vor zwei Tagen so sehnlichst von hier weggewünscht hat. Jetzt ist sie rundum glücklich: Der Urlaub ist nun genau so, wie sie es sich gewünscht hat. Nur dass Anna nicht mit dabei ist. Ob sie wohl noch kommt?

Ja, Anna kommt! Ein wenig blass ist sie noch, als sie am nächsten Nachmittag plötzlich am Reitplatz steht. Connis Gruppe ist vormittags wieder ausgeritten. Nun machen sie Springübungen über bunte Holzstangen, die glücklicherweise erst mal nur auf dem Boden liegen.
Dann werden die Stangen aufgebockt. Nur einige Zentimeter hoch – doch Conni reicht es.

Ein wenig mulmig
ist ihr schon:
Was, wenn Karlina
mit den Hufen
daran hängen bleibt
und stolpert?

„Huhu!" Kurz bevor Conni an der Reihe ist,
winkt ihr Anna auf einmal vom Gatter her zu.
Conni traut ihren Augen nicht: Ist ihre Freundin
etwa wieder gesund? Das ist ja super!
Sie winkt begeistert zurück.
„Conni, du bist dran!", mahnt Herr Behrens.
Jetzt, wo Anna da ist, hat Conni ihre Angst vor
dem Sprung schlagartig vergessen.
Sie nimmt mit Karlina Anlauf und – schon sind
sie über die Stange gesprungen. War doch ganz
einfach!
Nach der Stunde putzen Anna und Conni Karlina
gemeinsam.
„Als ich gehört habe, dass du nicht kommst, war
ich ganz schön fertig", erzählt Conni. Behutsam
bürstet sie mit der Kardätsche das weiße Fell der
Ponystute.
„Na, und ich erst", meint Anna. „Ausgerechnet
krank zu werden, wo wir zwei auf den Reiterhof
wollen! Ein Albtraum!"
Conni nickt.
„Aber ich bin ja extra schnell gesund geworden!",
lacht Anna.

Karlina wiehert fröhlich.

Sie scheint sich auch zu freuen,

dass Anna gekommen ist.

Am meisten aber freut sich Conni.

Von nun an machen Liska, Anna und Conni alles gemeinsam. Nur schade, dass sie nicht alle in einem Zimmer schlafen können.

„Aber das machen wir dann nächstes Mal", schlägt Liska vor. „Wie wär's in den Herbstferien?"

„Au ja!", rufen Anna und Conni gleichzeitig.

„Aber jetzt genießen wir erst einmal diesen Urlaub!", ruft Anna ausgelassen. „Wer kommt mit zur Koppel?"

Schon rasen die drei los, schwingen sich draußen auf den Lattenzaun und überlegen, welches der Ponys sie am liebsten mit nach Hause nehmen würden.

Da muss Conni
nicht lange nachdenken.
„Karlina, natürlich!"

# Conni greift ein

Heute hat Herr Behrens beim Ausritt vollgepackte Satteltaschen mit dabei. „Für unser Picknick", verrät er.

Conni zwinkert Liska und Anna fröhlich zu. „Dann wird es ja bestimmt ein extra langer Ausritt!"

Die drei Freundinnen reiten dicht beieinander. Hinter dem Wald folgen sie einem kleinen Flüsschen, das sich durch die Wiesen schlängelt. Es ist schönstes Frühlingswetter.

„Genau das Richtige für einen Ausritt mit Picknick", denkt Conni.

Herr Behrens, der die Gruppe führt, biegt nun in einen breiten Sandweg ein.

„Wie wäre es mit einem kleinen Galopp?", fragt er. Natürlich erwartet er nicht ernsthaft eine Antwort darauf.

„Galopp – marsch", ruft er und galoppiert langsam an. Und Liska, Anna, Conni, Yvonne, Gesche, Jan und Lars galoppieren auf ihren Ponys hinterher.

Conni spürt
den Wind im Gesicht.
Es gibt doch nichts Schöneres
als ein Galopp im Freien.
Und auch Karlina
schnaubt vor Vergnügen.

„Was für ein Ausritt!", schwärmt Conni, als sie endlich das Picknick machen. Als Erstes werden die Ponys versorgt. Sie saufen Wasser vom klaren Bach und können sich auf einer Wiese satt fressen. Erst dann sind die Reiter an der Reihe. Herr Behrens holt aus den Satteltaschen zwei Boxen mit belegten Broten, eine Tüte Äpfel und Saft. Während er nach dem Essen bei den Ponys bleibt, wollen sich die Kinder ein wenig umschauen.

„Einverstanden", meint Herr Behrens, „aber geht nicht zu weit weg und bleibt zusammen!"

So streifen sie zu siebt durch ein kleines Wäldchen. Und machen später einen Wettlauf quer über eine Wiese. Atemlos lassen sie sich an einem Graben ins Gras plumpsen. Nur Jan und Lars haben noch nicht genug. Ausgelassen springen sie über den Graben zu einer Weide hinüber.

„Könnt ihr das auch?", fordern sie die Mädchen heraus. Gesche und Yvonne springen ihnen natürlich gleich hinterher.

„Ihr traut euch wohl nicht?", rufen sie Conni, Liska und Anna zu. Doch die drei tun, als hätten sie nichts gehört.

Lars, Jan, Yvonne und Gesche
trennt nur noch ein dünner Draht
von der Weide.
Lars geht mit seinen Fingern
ganz dicht an ihn heran.
„Guckt euch mal den läppischen Zaun an."

„Pass auf, sonst kriegst du einen gewischt!", warnt Gesche.

„Das macht mir doch nichts aus!" Lars berührt blitzschnell den Zaun. Conni sieht, wie seine Augen zucken. „Kein Problem für mich!"

„Aber da ist doch Strom drin?", fragt Yvonne.

„Klar, probier's doch selber", fordert Lars sie auf. „Oder traust du dich etwa nicht?"

Yvonne schüttelt den Kopf.

„So ein Angeber", zischt Liska sauer. Laut genug, dass es Lars hören kann.

„Schaut euch das an! Nur eine Kuh auf der Weide!", ruft Jan.

Lars grinst. „Die schläft ja gleich im Stehen ein. Wollen wir die nicht mal ein bisschen auf Trab bringen?"

Er schlüpft unter dem Elektrodraht durch.

„Mensch, lasst das!", ruft Conni entsetzt. „Das ist ein Stier!"

Lars zeigt ihr einen Vogel. „Ein Stier? Das ist doch nur eine blöde Kuh! Genau wie du!"

„Huhu!" Lars und Jan laufen quer über die Weide und winken dem Stier zu.

Lars geht immer näher
an den Stier heran.
„Na, wollen wir spielen?",
fragt er ihn übermütig.

Aber der will nicht spielen. Und Spaß versteht er auch keinen. Lars bleibt wie versteinert stehen, als der Stier ihn mit gesenktem Kopf wütend anstarrt. Jan bringt sich sofort in Sicherheit. Dann rast auch Lars zurück zum Zaun – und der Stier stürmt hinterher. Der Abstand ist zum Glück groß genug. Doch da passiert es: Bevor Lars den Zaun erreicht, rutscht er auf einem Kuhfladen aus und stürzt mit einem Schrei zu Boden. Im selben Moment springt Conni auf. Mit einem Satz ist sie über den Graben und auf der Weide.

„Los, komm her!", ruft sie und versucht so den Stier von Lars abzulenken. „Hey, hey!"

Der Stier bremst ab und guckt sich verdutzt zu Conni um: Da ist ja noch jemand! Abwechselnd schaut der Stier zu Lars und zu Conni. Wen soll er zuerst auf die Hörner nehmen? Er kann sich einfach nicht entscheiden.

Conni geht noch einen Schritt vom Zaun weg und fuchtelt wild mit ihrer Jacke herum. „Los, hierher! Mach schon!"

Der Stier starrt sie an, scharrt mit den Hufen und dann rennt er los.

Doch Conni ist schneller.
Im Nu ist sie
unter dem Zaun durch
und springt atemlos
über den Graben.

Wutschnaubend steht der Stier am Zaun und schaut zu ihr herüber. Dann erst fällt ihm ein, dass ja noch ein zweiter Eindringling zu vertreiben ist.

Doch Lars hat Connis Ablenkungsmanöver gleich genutzt, sich aufgerappelt und ist längst von der Weide verschwunden. Dreckverschmiert wankt er auf Conni zu.

„Du hast mir das Leben gerettet", stottert er.

„Kein Problem", meint Conni.

Lars schaut sie lange an. „Du bist ganz schön mutig!"

Darauf fällt Conni so schnell nichts ein.

„Frieden?",
fragt Lars
und streckt ihr seine Hand hin.
„Frieden!",
antwortet Conni und schlägt ein.

# Auf Wiedersehen!

Viel zu schnell ist Freitag. Der letzte richtige Tag auf dem Ponyhof. Vormittags machen sie ihren letzten Ausritt. Und nach dem Mittagessen üben sie fürs Abschlussreiten.

Um 5 Uhr ist es dann so weit. Alle versammeln sich am Reitplatz. Zuerst zeigen die Anfänger von Frau Behrens, was sie in der Woche alles gelernt haben.

Dann ist die Gruppe von Herrn Behrens an der Reihe. In den letzten Tagen haben sie eine kleine Vorführung eingeübt. Zu Musik reiten sie eine Folge von Bahnfiguren. Bis auf einen kleinen Patzer läuft alles prima. Und dass sie etwas vor der Musik fertig sind, fällt keinem auf. Außer Herrn Behrens, natürlich.

Am Abend gibt es ein Abschiedsfest am Lagerfeuer.

Sie grillen Würstchen.
Am besten aber
gefällt Conni
das Stockbrot.
Auf langen Stäben
rösten sie den Teig
über dem Feuer –
lecker!

Später singen sie gemeinsam. Conni staunt selber, wie viele Lieder sie kennt. Sie sitzt eingeklemmt zwischen Liska und Anna am warmen Feuer. Über ihr blinken die Sterne.

„Das sind meine allerschönsten Ferien", flüstert sie ihren Freundinnen zu.

„Nicht nur deine", meint Liska und lacht.

Am nächsten Morgen ist Packen angesagt. Doch keiner hat wirklich Lust dazu. Eigentlich wollen alle lieber noch länger bleiben.

„Ihr könnt ja wiederkommen", tröstet sie Frau Behrens. „Dann freuen wir uns auch!"

Nach dem Mittagessen kommen die ersten Autos mit den Eltern an. Liska wird als Erste abgeholt. Natürlich haben Conni und Anna längst mit ihr die Adressen ausgetauscht.

„Wir schreiben uns, und im Herbst sehen wir uns hier wieder!", versprechen sie sich gegenseitig. Trotzdem fällt ihnen der Abschied schwer.

Zu dumm,
dass Liska
in einer anderen Stadt wohnt.
Anna und Conni
winken ihr noch lange nach.

Kaum ist das Auto mit Liska verschwunden, taucht ein blauer Wagen auf.

„Da kommen sie!", ruft Conni aufgeregt.

Im nächsten Moment liegen sich Conni und Mama und Papa schon in den Armen. Und Jakob wird auch ganz fest gedrückt. Er gibt Conni sogar ein verdächtig klebriges Küsschen auf die Wange.

„Jetzt, wo ihr da seid, freue ich mich sogar wieder auf zu Hause", sagt Conni und wischt sich das Gesicht. „Eigentlich wollten wir nämlich für immer hierbleiben."

„So, so, für immer", lacht Papa. „Und was wäre aus uns geworden – ohne unsere Conni?"

„Ihr wärt natürlich auch hierher gezogen", stellt Conni klar.

Papa und Mama helfen bei Connis und Annas Gepäck. Diesmal fährt Anna nämlich mit ihnen zurück. Überschwänglich verabschieden sich die beiden Freundinnen von den Behrens.

Und dann muss sich Conni von noch jemandem verabschieden: von Karlina. Sie hat einen Apfel vom Frühstück stibitzt, als Abschiedsgeschenk sozusagen.

Karlina steht
mit den anderen Ponys
auf der Koppel.
Doch sie kommt sofort,
als Conni sie
vom Zaun aus ruft.

Liebevoll streichelt Conni Karlinas weiche Nase und füttert sie mit den Apfelstücken. Dann macht sie noch ein allerletztes Foto von ihr.

„Ich komme wieder – ganz bestimmt!", verspricht sie dem Schimmel. Karlina stupst Conni sanft mit ihrem Maul an, als wolle sie sagen: „Aber nicht vergessen!"

Als Conni zum Wagen zurückläuft, kommt plötzlich Lars auf sie zu. „Kommst du in den Herbstferien wieder?", fragt er.

„Na klar!", antwortet Conni.

Lars strahlt. „Haben's dir deine Eltern auch schon erlaubt?"

„Nö", gibt Conni zu. Und Lars' Strahlen verblasst.

„Aber die kriege ich schon rum", verspricht Conni zuversichtlich.

„Gut", stößt Lars hervor. Es kommt aus tiefstem Herzen. Conni schaut ihn an. Ist er nicht ein bisschen rot geworden?

„Warum fragst du eigentlich?", hakt sie nach.

„Nur so", murmelt Lars und wird noch etwas röter. Conni lässt nicht locker.

„Nur so?", wiederholt sie.

Lars schaut verlegen zu Boden.
Doch dann grinst er auf einmal.
„Damit ich dir wieder
einen Eimer Wasser
übergießen kann!"

Bevor Conni darauf etwas erwidern kann, läuft Lars
schon zum Auto und steigt ein.

„Tschüss, bis zum Herbst!", ruft er noch, bevor er
die Tür zuknallt.

Auf der Rückfahrt können Conni und Anna gar
nicht aufhören von ihren Ferien zu schwärmen.

„Schade ist nur, dass ich die ersten Tage verpasst
habe!", meint Anna schließlich.

„Du hast die ersten Tage verpasst?", wiederholt
Connis Mama überrascht.

„Ich war doch krank und musste bei Opa und Oma
bleiben", erklärt Anna.

„Das tut uns aber leid", sagt Papa mitfühlend.

„Aber nun bist du wieder ganz gesund?"

„Na klar", lacht Anna.

„Und du, Conni, hast du dich zuerst nicht sehr
einsam gefühlt?", fragt Mama etwas erschrocken.

„Nö", meint Conni. „Höchstens ein ganz kleines
bisschen vielleicht. Aber schließlich war ja noch
Liska da …"

„Und die vielen Ponys", ruft Anna dazwischen.

„Genau!"
Conni pikst Anna
lachend in den Bauch.
„Und dann kamst du zum Glück
ja doch noch!"

**Julia Boehme**

arbeitete als Redakteurin beim Kinderfernsehen,
bis ihr einfiel, dass sie als Kind unbedingt Schriftstellerin
werden wollte. Wie konnte sie das bloß vergessen?
Auf der Stelle beschloss sie, jetzt nur noch zu schreiben.
Nun lebt sie in Berlin und denkt sich ein Kinderbuch
nach dem anderen aus.

**Herdis Albrecht**

lebt in Berlin. Sie illustriert gerne Kinderbücher,
arbeitet aber auch an vielen Trickfilmen mit.

Liebe Eltern, liebe Lesepatinnen und -paten,

die Buchreihe **Zu zweit leichter lesen lernen** bietet Leseanfängern spannende Geschichten, die sie mit Ihrer Hilfe – zumindest teilweise – schon selbst bewältigen.

An Ihrer Seite merken die Kinder, dass sie schon ganz schön viel verstehend lesen können. Das macht ihnen Spaß und motiviert sie, zuversichtlich weiterzulernen.

Wenn Sie sich links neben das Kind setzen, kann das Buch einfach zwischen Ihnen und dem Kind liegen bleiben. Während Sie jeweils die linke Seite vorlesen, kann das Kind die Bilder betrachten und dann nach Ihnen die rechte Seite vorlesen.

So wird mit **Zu zweit leichter lesen lernen** eine ruhige Lesesituation geschaffen. Ihr Kind kann sich besser konzentrieren und das laut Vorgelesene auch besser verstehen.

Das Prinzip ist ganz einfach: Geübte Leser und Leseanfänger lesen einander vor. **Zu zweit leichter lesen lernen** – mit doppeltem Vergnügen!

Theo Kaufmann
Seminarschulrat
1. Vorsitzender des Vereins für Leseförderung e.V.
Mitglied im Bundesverband Leseförderung

2 3 4 5     12 11 10
Copyright © by Carlsen Verlag GmbH, Hamburg 2010
Umschlag- und Innenillustrationen: Herdis Albrecht
Umschlaggestaltung: init, Bielefeld
Lektorat: Ulrike Schuldes • Herstellung: Steffen Meier
Lithografie: Margit Dittes Media, Hamburg
Druck und Bindung: Gruppo editoriale Zanardi, Italy
ISBN 978-3-551-65154-9
Printed in Italy
**Alle Bücher im Internet unter www.carlsen.de**

Sie hielt sich die Flasche vors Gesicht und spähte mit einem Auge hinein. Plötzlich zischte ein grüner Blitz durch den Flaschenhals direkt auf Nele zu.

„Igitt! Ein ekliger Riesenkäfer!" Vor Schreck landete Nele auf dem Po. Sie hasste alles, was krabbelte und brummte.

Der Riesenkäfer surrte einmal um Neles Kopf herum. Dann ließ er sich auf ihrem Knie nieder.

„Mama!", krächzte Nele. „Hilfe!" Aber Mama hörte sie nicht.

Da ertönte ein helles Stimmchen. Es klang ziemlich ärgerlich. „Ich bin kein Käfer, du Dussel! Ist das klar?"

Nele sah genauer hin. Auf ihrem Knie saß ein kleines Wesen mit grünen Haaren, die in alle Richtungen abstanden. Es trug ein tannengrünes Kleid, winzige flaschengrüne Schuhe und hatte zwei hellgrüne Flügel auf dem Rücken.

„W…w…wer bist du denn?", stammelte Nele.

Das Wesen reckte sich stolz. „Ich bin Fiorella, die Flaschenfee. Und du hast mich soeben befreit. Jetzt darfst du dir was wünschen."

Fiorella zog
einen Zauberstab hervor.
Er sah aus wie ein Zweig,
der mit Moos bewachsen war.
„Was ist? Kann's losgehen?"

# Lesespaß zu zweit

Maja von Vogel
**Zu zweit leichter lesen lernen:**
**Nele und die Flaschenfee**
Illustriert von Franziska Harvey
96 Seiten
Gebunden
ISBN 978-3-551-65151-8

Christian Tielmann
**Zu zweit leichter lesen lernen:**
**Die Piraten vom Dach**
Illustriert von Daniel Ernle
96 Seiten
Gebunden
ISBN 978-3-551-65153-2

Marianne Schröder
**Zu zweit leichter lesen lernen:**
**Karo und die kleine Ziege**
Illustriert von Gerhard Schröder
96 Seiten
Gebunden
ISBN 978-3-551-65152-5

Nele befreit eine winzige Fee aus einer Flasche, die sie im Garten findet. Jetzt hat sie drei Wünsche frei, doch beim Wünschen kann allerhand schiefgehen …

Während eines Sturms landet eine Truppe winzig kleiner Piraten in Roberts Dachrinne, die sich verirrt haben. Kann Robert ihnen helfen, den Weg nach Hause zu finden?

Karo und Eddi sind entsetzt. In dem kleinen Ort am Meer geht alles drunter und drüber. Und dann verschwindet auch noch die kleine Ziege! Ob die drei fremden Ferienkinder wohl daran schuld sind?